TRAITÉ

DE LA RELIÈURE

DES LIVRES.

par Mr. de Gauvecourt.

IL y a environ vingt-cinq ans, Messieurs, que j'avois rassemblé de quoi composer cette Brochure : aujourd'hui je l'imprime pour faire usage de mon heureuse oisiveté. La vieillesse, comme l'enfance, a ses joujoux, & en ont besoin. Vous vous êtes prêtés, Messieurs, avec bonté aux amusemens d'un Vieillard. Trouvez bon que je vous le dédie comme à mes Maîtres & à mes Amis. Quand on ne peut être Architecte, il faut du moins savoir porter l'oiseau.

Adieu, vivons innocemment, læti in præsens animi, & aimons-nous, s'il se peut, très-long-tems.

Je suis avec un sincere attachement

Votre très-humble & très-obéissant serviteur,

DE GAUFFECOURT.

TRAITÉ
DE LA RELIEURE
DES LIVRES.

DIFFÉRENS FORMATS.

L'*IN-FOLIO*, c'eſt-à-dire quatre Pages ſur la feuille entiere, deux ſur une face & deux ſur le verſo.

L'*In-quarto* a huit Pages ſur la feuille entiere, ſavoir quatre Pages ſur une face & quatre ſur le verſo.

A

L'In - douze, qui eſt le plus ordinaire, c'eſt-à-dire, vingt-quatre Pages ſur la feuille entiere, douze Pages ſur une face & douze ſur le verſo.

Ainſi des *In - ſeize*, des *In-dix-huit*, des *In-vingt-quatre*, c'eſt-à-dire 16, 18 & 24 Pages ſur chaque face, & le double ſur la feuille entiere.

Il y a auſſi des *In-trente-deux* : mais ce dernier format n'eſt guere d'uſage que pour des petits livres de prieres.

Battre les Feuilles pour plier.

Pour plier avec plus de facilité on applanit les cahiers ſur la pierre de marbre à coups de marteau, après les avoir ouverts, en obſervant que les feuilles ſoient dans leur ordre, c'eſt-à-dire la lettre simple, ce qui s'appelle *bonne lettre* à gauche dessous.

On peut battre environ cent feuilles à la fois, en mettant les cahiers de suite les uns dans les autres ; mais peu sur l'impression & plus sur le blanc, parce que l'endroit du papier imprimé a déjà été comprimé par la Presse de l'impression.

Il faut encore observer que l'impression, nouvellement sortie de dessous la Presse, macule aisément, & qu'il faut battre moins les cahiers : mais si le livre demande d'être bien battu on doit alors mettre, entre chaque feuille, des maculatures de même grandeur, de papier non collé.

Plier les In-folio.

Il y a différentes fortes d'arrangemens pour les feuilles d'Infolio. Les unes fe fuivent de forte que le chiffre 5 & la lettre B commencent la feconde feuille , ainfi de fuite. D'autres où les feuilles s'encartonnent les unes dans les autres 2, 3 & jufqu'à 4, pour que les chiffres fe fuivent.

Il y a outre les chiffres au haut & à l'extrémité de la Page , une autre forte de fuite que l'on appelle alphabet : ainfi la premiere feuille eft marquée A , la feconde A 2 , la troifieme A 3 , & la quatrieme A 4, la cinquieme B , ainfi de fuite jufqu'au Z. Cet alphabet fini on redouble triple l'alphabet, en mettant Aa , Aaa , &c.

Pour plier les In-folio , fi ce

(5)

font de ceux dont les feuilles s'encartonnent les unes dans les autres, obfervez de mettre à gauche
la lettre la plus reculée du cahier
A 4, par exemple A 3 enfuite,
ainfi de fuite, parce que vous les
raffemblez plus aifément.

Plier les In-quarto.

Les In-quarto ont également
pour fuite les alphabets. La premiere Page de la premiere feuille
eft marquée A, la feconde feuille
A 2, & la troifieme qui eft le
milieu A 3, ainfi de fuite.

Le cahier étant ouvert vous
avez à la droite A 2, & toujours
la bonne lettre, c'eft-à-dire la
lettre fans chiffre en déhors.

Vous pliez de droite à gauche,
& vous renverfez du bas en haut
pour former votre feuille pliée,

que vous placez à gauche pour les raffembler quand tout eft plié.

Plier les In-octavo.

Obfervez , pour les plier , que la bonne lettre foit en déhors , & que 2 , 3 , 4 & 5 qui eft le milieu , fe fuivent.

Plier les In-douze.

On commence par couper les quatre Pages qui font marquées au bas 5 & 6 , ou dont le titre de la Page n'eft point adoffé à l'autre, en prenant avec un compas la moitié de l'intervale qui eft entre les deux titres , pour que la tête de ces quatre Pages pliées fe trouve égale au refte du cahier , lequel fe plie comme les In-octavo.

Les premieres feuilles coupées s'encartonnent enfuite dans cel-

(7)

les-ci , & quelquefois ne s'encartonnent point , mais suivent la
grande feuille.

A l'égard des autres formats,
outre qu'ils sont rares , c'est qu'il
est aisé par la pratique d'en observer la suite.

Premier Collationnement.

Quand vos feuilles sont pliées
on les collationne exactement.

Il est à remarquer que souvent
les Imprimeurs pour profiter du
papier blanc placent à la fin de la
derniere feuille ce qui appartient
au commencement , & quelquefois à la fin de la premiere feuille,
ce qui appartient à la fin , ainsi on
ne sauroit être trop exact à bien
collationner.

Mettre en Preſſe pour coudre.

Enſuite on met en Preſſe chaque volume entre deux planchettes pendant au moins cinq à ſix heures.

Battre ſur la pierre pour coudre.

En ſortant vos volumes de la Preſſe vous les battrez ſur la pierre cinq ou ſix cahiers à la fois, ſui-vant l'épaiſſeur du papier, ob-ſervant de battre également, & plus autour qu'au centre, au-trement il ſe formeroit des plis dans les Pages.

Mettre en Preſſe une ſeconde fois pour coudre.

Quand vos cahiers ſont bien battus, vous partagez chaque vo-lume

lume en deux , & les mettez en Preſſe encore environ cinq à ſix heures , le plus n'eſt que le mieux.

Au ſortir de la Preſſe on collationne de nouveau , premiérement par l'alphabet , ſecondement par le *reclame*. On appelle *reclame* le dernier mot de la Page imprimé au-deſſous de la derniere ligne , & qui indique le premier mot de la Page ſuivante ; à faute de reclame on collationne encore par le numero des Pages.

De la Couture In-folio.

On fera attention à la grandeur du volume pour y diviſer les nerfs. On appelle nerfs les côtes qui paroiſſent ſur le dos des livres. Les plus grands In-folio ſe couſent à neuf nerfs , l'In-folio ordinaire à ſept , s'ils ſont petits , à ſix.

(10)

Les *In-quarto* se cousent à six
& à cinq.

Les *In-douze* à cinq.

Division des Nerfs.

On commence par déterminer
ce que l'on veut laisser de marge,
& c'est à l'œil à en décider. Les
plus grandes marges, font assu-
rément les plus belles.

Si le livre demande d'être cousu
à neuf nerfs, la longueur du livre
étant déterminée, on reserve une
petite distance d'une ligne & demi, par exemple pour les In-
douze, à la tête & du double à
la queue ; & cette nouvelle distance, proportionnée aux volumes, étant déterminée, on la
divise avec le compas en dix parties égales.

Cette division de dix parties
vous donne neuf nerfs, parce que

le premier nerf eft le fecond point de la divifion du côté de la tête. Vous marquez donc la place de ces nerfs avec la pointe du compas à l'extrémité, du côté du dos du premier cahier.

Des Chenettes.

Il y a outre les nerfs deux autres routines que l'on nomme *chenettes*, qui fe font aux In-folio à environ un pouce de diftance des extrémités du livre, & aux In-douze, à quatre à cinq lignes de l'endroit marqué pour rogner.

Grequer.

La place des chenettes étant déterminée, on dreffe bien la tête & le dos du volume, que vous ferrez enfuite dans la Preffe à

(12)

dorer, & vous *grequez* aux endroits marqués environ une ligne
de profond. Le *grec* eſt une eſpece
de ſcie à main pour faire l'entaille
où ſe placent les chenettes.

On greque tous les livres à l'ex-
ception des In-folio.

Ajuſtement du Couſoir.

Comme vous avez la diſtance
des nerfs par la diviſion marquée
ci-deſſus, vous obſervez la même
diſtance des ficelles, en faiſant
qu'elles tombent bien perpendiculairement ſur chaque diviſion.
Ces ficelles ſont nouées à une ficelle double paſſée ſur la traverſe
du couſoir, & qui ſe fixent ſous
la table du couſoir au moyen de
chevilles de cuivre à-peu-près
de cette forme. *

On laiſſe la ficelle qui doit former

mer le nerf , deux ou trois doigts
au-deſſous de la table du couſoir.
On paſſe enſuite la ficelle dans le
trou A. On ramene la ficelle à
gauche par deſſus la cheville ,
en ſorte que la cheville , préſentée
horiſontalement , ſort un peu au-
deſſous de ladite table. On tourne
enſuite la cheville en amenant
ſes cornes en dedans , & la pointe
étant droite , vous faites paſſer
votre cheville par l'ouverture de
la table , & la tenant avec la
main gauche , vous en baiſſez la
pointe avec la main droite , juſqu'à ce qu'elle reſte fixe horiſontalement deſſous la table du couſoir. Toutes vos chevilles étant
poſées , ſi vous trouvez que vos
ficelles ne ſoient pas aſſez ban-
dées , vous hauſſez la traverſe
par les écroues des montans. Vous
examinerez alors de nouveau ſi

D

les ficelles tombent bien fur la division donnée des nerfs.

Des Feuilles appellées Gardes.

Il doit y avoir au commence-ment de chaque volume quatre feuillets de papier , deux de pa-pier marbré & deux de blanc , & autant à la fin. Ces feuilles a jou-tées s'appellent *gardes*.

Avant donc que de préfenter vos feuilles à coudre , vous plierez deux feuilles doubles de papier blanc de la grandeur du livre , en repliant un double onglet d'en-viron un pouce & demi , dans le-quel vous mettrez , à gauche pour le commencement du livre , & à droite pour la fin , double feuille de papier marbré ; alors on com-mence à coudre.

Observation pour les In-folio.

Comme les marges des têtes des In-folio ne font pas égales, & qu'en les fuivant on placeroit les cahiers inégalement , puif-qu'on ne feroit point guidé par le grec, on peut à ce défaut, quand vous avez bien exactement encartonné vos feuilles , en forte que les lignes de tête répondent bien les unes aux autres ; on peut , dis-je , tracer à la place du grec une forte ligne avec du crayon ; mais pour l'ordinaire on paffe un petit morceau de perchemin au premier nerf de tête, foit à gauche , qui puiffe glifler le long de la fi-celle : on l'appelle *guidon*. Et ce guidon fe coupe à la diftance don-née du premier nerf à la premiere ligne de tête , & fert pour placer

réguliérement les cahiers fuivans,
en obfervant que la premiere ligne
de tête de chaque cahier réponde
à l'extrémité de votre guidon,
ce qui dépend de la juftefle de
l'œil.

A l'égard des autres formats
que les In-folio, on ne fe fert
point de guidon, parce qu'outre
que les têtes fe trouvent égales,
c'eft qu'encore vous êtes guidé
par le grec.

Il eft prefque inutile de dire
qu'il faut avoir attention de pro-
portionner la groffeur de la ficelle
des nerfs, aux formats des livres
à relier. On en dit autant pour
le fil à coudre, que vous aurez
foin de cirer, & que l'on paffe
fimple dans une longue aiguille,
environ une aune de longueur
de fil.

Coudre

Coudre.

Après toutes ces obſervations on poſe ſur la table du couſoir, le long des ficelles des nerfs, la garde de la fin du livre, en obſervant à-peu-près la même diſtance où doivent être couſus les cahiers ſuivans.

On a déjà remarqué qu'on ne greque point les In-folio : mais on n'en fait pas moins les chenettes qui reſtent ſur la ſuperficie du dos.

On commence donc par pouſſer ſon aiguille dans le cahier de la garde, à l'endroit où doit être la chenette du côté de la queue, en déhors, & l'on repaſſe ſon aiguille en dedans, au côté gauche du nerf ſuivant, en pouſſant l'aiguille de la main droite, & la recevant de la gauche ; on repique

E

en déhors avec la gauche pour embraſſer le nerf du côté droit, & ainſi juſqu'au dernier nerf , pour reſſortir par la chenette du côté de la tête.

Avant que de joindre votre premiere feuille qui doit être la derniere du livre , on paſſe légé-rement un peu de colle le long du dos du premier cahier qui repoſe ſur la garde ; on obſerve la même choſe pour le dernier cahier à coudre , qui eſt le commencement du livre, pour éviter un vuide qui ſans cela ſe trouveroit au com-mencement & à la fin entre les feuillets blancs , & les premieres & dernieres Pages imprimées. On paſſe également un peu de colle le long des cahiers qui ont reçu un luiſant par les coups de marteau ſur la pierre à battre , pour éviter que ces cahiers ne gliſſent : mais à mesure qu'il s'en trouve en cousant.

La garde étant donc cousue, on prend le dernier cahier du livre, en mettant la tête à gauche ; & si c'est un In-folio , on le dresse au guidon , dont on détermine alors la longueur. L'on pique ce premier cahier droit au - dessus d'où l'on est sorti de la garde, en observant que votre chenette fasse toujours une ligne bien perpendiculaire depuis le premier jusqu'au dernier cahier.

Quand on est parvenu à la queue de ce premier cahier , on arrête le bout de fil que l'on a laissé à la garde ; on passe ensuite au second cahier , & quand il est cousu , on arrête à la tête & à la queue, en passant l'aiguille sous les premiers cahiers , & ainsi chaque fois que l'on parvient aux ex-

trémités , en paſſant ſur le quatre
& cinquieme cahier au-deſſous de
celui que l'on coud aux In-folio ;
& aux autres formats on paſſe ſous
la troiſieme feuille pour lier les
chenettes.

On finit enfin de même par la
garde du titre , & on obſervera de
ſerrer médiocrement les cahiers à
chaque couture , en ſorte que ,
pour les In-folio , l'épaiſſeur du
dos excede de quatre à cinq lignes
le devant du livre , & de deux à
trois lignes pour les autres formats.
Cette différence d'épaiſſeur dé-
vançeroit à former le mord où ſe
place le carton : mais cependant ,
comme le fil prend de l'épaiſſeur ,
on donnera de tems en tems un
coup d'ongle ſur le dos pour le
rebattre le long des nerfs à ce point
demandé , & on frottera avec l'aiguille le long de chaque cahier ,

pour

(21)

pour les bien joindre les uns aux autres.

Obfervation fur la Couture.

On n'eft point abfolument obligé de coudre exactement tous les nerfs, on peut par exemple paffer le fecond nerf du côté de la tête & de la queue, c'eft-à-dire de tems en tems, en forte que, fur vingt cahiers, chacun de ces nerfs ne foit coufu que dix fois, le moins feroit infidélité, y ayant plufieurs Ouvriers qui fe contentent de ne coudre qu'à deux & trois nerfs, en y en ajoutant deux ou trois de poftiches.

Quand le livre eft entiérement coufu, on coupe les ficelles des nerfs de l'un & de l'autre côté, environ trois pouces de longueur, & plus ou moins, fuivant les formats.

F

Préparation pour passer en Carton.

On détord les bouts de ficelle des nerfs ; si elle est de trois bouts on en coupe un : on passe les deux bouts restans dans l'entaille d'une regle de bois dur très-mince, d'environ quatre pouces de large, & frottant ces deux bouts de ficelle vîte & rudement sur cette regle avec le dos du couteau, on les réduit en filasse.

On coupe ensuite le carton suivant la grandeur du livre, laissant pour rogner. Il y a des cartons qui ne sont point unis, & qu'il faut battre. On coupe un peu en biseau le carton du côté en dedans, & l'on trace en déhors du côté du dos, le long du livre, une ligne distante du dos, du double de ce que la couverture excédera le papier.

Paſſer en Carton.

Pour paſſer en carton on met un peu de colle aux bouts de fi_celle, reduits en filaſſe, & en les roulant entre les deux mains on les forme en pointe, enſuite on préſente le carton vis-à-vis des nerfs, en le bien partageant haut & bas, & on marque un point vis-à-vis chaque nerf ſur la ligne tracée.

On perce avec une alêne aux points marqués, obſervant que le trou ne ſoit pas plus gros que les bouts. On perce encore un autre trou à droite au deſſus, & en retournant le carton, c'eſt-à-dire en dedans, on fait un troi_ſieme trou, en ſorte que les trois forment un triangle.

On paſſe enſuite chaque bout de ficelle premiérement par le trou marqué sur le trait, ensuite dans celui fait en dedans, & on le re-passe par celui de dessus. On croise ensuite le bout de ficelle dessous, & on le laisse de deux à trois lignes. On rabaisse à coup de marteau sur un bout de Presse ces bouts de nerfs en déhors & en dedans, pour qu'ils s'incorporent dans le carton, & ne paroissent point au travers de la couverture.

En tenant ensuite les deux cartons horisontalement, on a attention que les nerfs soient bien droits à la tête, & en serrant les deux cartons on les rabat sur les cahiers, en les joignant au mord; & si les feuillets gênent le carton, on recule le fil avec la pointe d'une alêne, aux deux côtés des nerfs.

Forme

Forme du dos.

On forme enfuite le dos à petits coups de marteau , en tenant le livre à la main fur une table , après quoi on met le ou les volumes entre des planchettes à bifeau , à fleur des cartons du côté du dos , & on les met en Preffe : mais affez peu ferrés , pour qu'on puiffe donner une belle forme au dos ; ce qui étant fait on refferre à force.

On paffe enfuite une ficelle quatre à cinq tours pour ferrer les planchettes , à un pouce au plus , de diftance au dos. On ouvre la Preffe , en y laiffant le paquet pour faire une feconde ligature aux planchettes , proche la marge du déhors , & on fixe bien les ficelles. Alors on fort le paquet de la Preffe.

G

Passer le Dos en colle.

On prend un tiers de livre d'amidon, avec une demi-once d'alun, que vous délayez bien avec cinq demi-setiers d'eau chaude, que vous faites un peu bouillir pour donner un peu de consistance à la colle. L'alun empêche que les vermisseaux ne s'y engendrent. Quand la colle est froide, on en met sur le dos assez grassement avec un gros pinceau : on laisse imbiber la colle sur le dos environ une heure, & avant qu'elle soit seche, on en remet de la nouvelle, qu'on laisse encore s'imbiber environ une heure de tems.

On remet le paquet en Presse jusqu'au bord de la ficelle du côté du dos, & on serre bien.

On frotte enfuite le dos avec le *frotoir*, qui eft un inftrument de fer vuidé en forme de croiffant, & on torche fortement le dos avec des rognures.

Cela étant fait, on dreffe les nerfs avec ce même frotoir, que l'on tient perpendiculairement, & à petits coups de marteau de l'un & de l'autre côté des nerfs.

On applatit ainfi la chenette, fur-tout aux In-folio, qui ne fe trouve point renfermée dans le grec.

On colle enfuite des bandes de papier fort, mais prefque toujours de papier marbré entre les nerfs & aux deux extrémités.

Alors on fort le paquet de la Preffe, & on le laiffe fecher toujours entre les planchettes.

Quand le paquet eft bien fec, on détache les bandes, en paffant

une alêne le long des mords , &
on fort les volumes des planchettes.

On colle enfuite en dedans la
feuille de papier marbré contre la
feuille blanche , qui joint les cahiers au commencement & à la
fin , en obfervant de mettre une
double feuille de maculature entre
le papier marbré qui vient d'être
collé , & celui qui doit être ap-
pliqué à la couverture.

Enfuite les volumes fe mettent
en Preffe entre des planchettes
unies , l'efpace de quatre à cinq
heures.

Rogner tête & queue.

Au fortir de la Preffe on fait
de nouveau attention que le dos
refte bien formé , & alors faifant
defcendre les cartons de la tête à
la queue , on marque fur le carton,

du

du côté de la tête, la marge qu'on
s'eſt propoſée de laiſſer. On met
alors le volume dans la Preſſe à
rogner, en l'appuyant à gauche
contre un morceau de carton très-
fort, taillé en biſeau, & mettant
le fort en haut. On obſerve bien
exactement que la ligne tracée ſur
le carton, ſoit bien dirigée avec la
Preſſe, en ſorte qu'elle faſſe bien
équerre avec le dos; & alors on
rogne avec le couteau, en ne le
faiſant mordre que médiocrement
à la fois, & en détachant les rognures à meſure, pour éviter qu'il,
ne s'en gliſſe deſſous le couteau.

Le volume étant rogné à la tête,
on prend le compas pour déterminer la longueur de la couverture, obſervant, pour cet effet,
de prendre le double du bord qui
doit exceder le papier de chaque
côté, & faiſant deſcendre les car-

tons de la queue à la tête. On rogne avec les précautions ci-deſſus.

Rogner la Goutiere.

On appelle *goutiere*, l'épaiſ-ſeur, le long du livre, qui forme en effet une goutiere, & qui étant rognée, détermine la largeur de la marge.

On commence par remarquer ſi les marges du livre ne ſont point chargées de remarques, pour mieux déterminer la marge du devant ; & cela étant obſervé, on place bien en équerre une ligne ſur le carton.

On ouvre enſuite les deux car-tons, & les tenant horiſontale-ment on paſſe entre les cartons & le dos du livre, à la tête & à la queue, deux petites *tringles* de fer, qui ſont deux petites bandes

(31)

de l'épaiſſeur d'une fiche à jouer,
& qui tiennent le dos en raiſon.

On met le volume le dos en
bas entre deux planchettes à biſeau, le fort en haut. On ſalive
un peu deſſus, pour que le livre
ne gliſſe pas entre les planchettes.
On poſe celle à droite, bien dirigée à la ligne tracée ſur le carton,
& la planchette à gauche, un peu
au-deſſus de l'endroit où doit
arriver le couteau.

Il faut avoir attention que cette
planchette ſoit un peu plus épaiſſe
que l'autre, attendu qu'étant plus
hors de la Preſſe, elle ſe trouveroit, par ſa poſition, plus mince
que celle à droite, & que par-là
le livre ſe renverſant à gauche,
la goutiere ne ſe trouveroit point
taillée également.

Les planchettes ainſi rangées,
on les pince avec la main gauche

fortement , & on examine si le
dos est plat & égal ; on le porte
ensuite en Presse pour le rogner,
ainsi que dessus.

Rogner le carton de la Goutiere.

Le livre se trouvant ainsi tout
rogné , il ne reste qu'à rabattre le
carton de devant ; ce qui se fait
en observant la même distance que
celle de la tête & de la queue, &
se servant de la regle & du couteau
à main.

Passer les Tranches en couleur.

Les tranches se jaspent, se mar-
brent ou se peignent en couleur,
& ordinairement en rouge. On se
sert pour cet effet de cinabre délayé, avec un peu de colle d'a-
midon & de l'eau pure, jusqu'à
ce que le tout bien délayé ne soit
ni trop épais, ni trop clair. On
passe

paſſe en couleur avec une broſſe
légérement & à pluſieurs repriſes ,
juſqu'à ce qu'il ne ſe voie plus de
rayes blanches aux tranches.

Tranche - filer.

Les tranches étant peintes &
ſeches , on poſe la tranche - file ,
qui eſt ce cordonnet mis à la tête
& à la queue du livre.

Pour en faire le noyau on prend
une bande de papier , de largeur
proportionnée aux formats des
livres , pour faire la tranche - file
plus ou moins groſſe. On roule
cette bande entre les doigts, après
l'avoir un peu humectée aux bouts;
& pour l'arrondir on la roule entre
deux planchettes. Quand elle eſt
aſſez ferme , on paſſe un peu de
colle pour que le papier ne ſe dé-
veloppe plus , & on laiſſe ſecher

le noyau pour le couvrir. Ce qui
se fait en formant une *aiguillée*,
dont la moitié *verte*, par éxem-
ple, & l'autre *jaune*, c'est-à-dire
qu'ayant passé la soie verte, & la
laissant double, environ de la longueur d'un pied, on y ajoute aussi
à double un pied de soie jaune, au
moyen d'un nœud de Tisserand.

L'aiguille ainsi enfilée, on
commence à la passer à gauche
entre les dix ou douze premieres
feuilles du livre, de façon que
la pointe de l'aiguille sorte au-
dessus de la couture de la chenette,
& alors on tire l'aiguille jusqu'à
ce que le nœud arrête au dos. On
repasse l'aiguille entre les feuilles
au même endroit, on place le
noyau, & on serre le bout verd
de la main gauche. On prend le
bout *jaune*, & on le passe à droite
par dessus le noyau. On le fait

repasser par dessous à gauche , &
encore une seconde fois à droite ,
dessous le fil verd. Alors on croise
avec le verd par dessus le jaune ,
& on serre de façon que le croise-
ment des deux bouts touche sur
la tranche. On arrête d'espace en
espace , suivant l'épaisseur du
livre ; ce qui se fait, en repassant
l'aiguille entre les feuilles , droit
au dessous où l'on veut arrêter le
point ; & on observe que la tranche-file suive bien le contour du
dos. On termine enfin , en passant
le fil jaune entre la tranche-file
& le dos , & repassant le verd
entre les feuilles au même endroit,
on noue le verd & le jaune en-
semble sur le dos , & on coupe la
tranche - file aux deux bords ,
proche la soie.

Parer le Carton pour couvrir.

On rend avec le couteau, fur le bord de la table, les bords du carton égaux, & on a foin de couper les coins qui touchent les mords, environ de deux lignes fur un pouce de long, en mourant vers les nerfs.

Des Peaux à couvrir.

Il y a deux fortes de peaux à l'ufage de la Relieure : peaux de veau, qui parées plus minces & avec quelqu'autre apprêt, font ce qu'on appelle *velin* ; & peaux de mouton, autrement appellées *bafane*, & qui parées comme le ve-lin s'appellent *parchemin*. On relie encore en marroquin & en chagrin, ce dont on fera mention dans la Relieure en velin. On ne parlera ici que des peaux de veau & de bafane.   *Préparation*

Préparation des Peaux.

Quand les peaux de veau ou de mouton ont été préparées par le Tanneur, c'est-à-dire, rendues minces & égales, on les trempe dans de l'eau tiede pour les amolir: on les tord pour en bien exprimer l'eau, & après les avoir étendues fur une table, on étend les cartons deffus pour couper ce qui eft né-ceffaire à chaque volume, en fur-paffant le carton & ce qu'il faut pour le remplir, c'eft - à - dire quatre à cinq lignes de tout bord.

Quand les peaux font coupées, vous les parez avec un couteau fur la pierre de marbre, en rendant mince ce qui eft refervé pour être remplié.

Enfuite on colle les peaux mé-diocrement, mais également. On

K

les laisse se bien imbiber de colle
environ une demi-heure.

Et passant un peu de colle sur
le dos du livre, seulement jusqu'aux mords , on présente les
cartons ouverts de plat à la peau,
en reservant également les remplis ; & appuyant en dedans sur
les cartons , la peau s'y trouve
jointe.

On a bien soin d'étendre la peau
sur tout le dos , en la ramenant
par tout également avec les pouces sur le plat , où on l'étend avec
le plioir , en sorte qu'il ne reste
aucun pli.

En gênant trop la peau , la
couverture resteroit ouverte : ce
qui est un défaut essentiel.

La peau étant bien étendue ,
vous remettrez un peu de colle à
ce qui déborde de la peau à la tête
& à la queue , & alors vous faites

paſſer la peau deſſous le carton,
& vous rempliez tout à l'entour.
On releve alors les quatre coins,
que l'on pince bien avec l'ongle,
& on les coupe pour rabaiſſer la
peau, le long de la goutiere, par
deſſus celle des bords de la tête
& de la queue.

Mettre en Preſſe.

On met enſuite une double
feuille de maculature entre le
carton & la garde ; & on range
le ou les volumes entre les planchettes plates, en obſervant qu'elles ne ſurpaſſent pas le mord, mais
qu'elles y touchent. On les porte
en Preſſe, on les ſerre à toute
force, & on les y laiſſe quelques
momens.

Former les Nerfs.

Au sortir de la Presse on range le ou les volumes entre les planchettes à biseau , de sorte que le fort de la planchette surpasse un peu le côté de la goutiere ; & vous ficellerez à force ces planchettes en long , en cinq ou six tours , & fixant fortement cette ficelle.

Vous croisez ensuite une ficelle fine pour former les nerfs , ce qui , en terme de l'art , s'appelle *fouet-zer*. On commence par croiser à la tête , à deux ou trois lignes de l'extrémité , & gagnant ensuite le premier nerf à droite , vous ramenez la ficelle à gauche , le plus près que faire se peut , en serrant à force , pour que le nerf soit droit & serré. Vous entourrez de même les autres nerfs , & finissez , comme à la tête , en serrant fortement la

ficelle

ficelle à deux ou trois lignes de l'extrémité de la queue , & là fixant solidement.

On prend tout de suite la pincette à nerf , pour bien serrer chaque nerf & le rendre bien droit.

Et avec le tranchant du plioir on appuye dans les angles , à la tête & à la queue , proche la tranche-file ; ce qui s'appelle *coifer*. Et du plat du plioir on rabat un peu la peau sur la tranche-file , & on laisse secher le volume.

On le sort ensuite d'entre les planchettes , pour laisser secher ce qui y étoit renfermé.

De la Marbrure.

Il y a marbrure jaspée, & grosse marbrure. Il faut pour l'une ou pour l'autre un noir , qui se fait en laissant tremper deux ou trois jours , environ une livre de limaille de fer, dans une pinte de vinaigre blanc & fort.

De la Marbrure jaspée.

Avant que de coller la peau qui doit couvrir le carton, on l'étend ; & trempant un pinceau dans le noir suſdit, vous le ſecouez fortement, pour que les goutes ne tombent pas trop groſſes ; & frapant de ce pinceau ſur une cheville de fer, vous faites en ſorte que l'eſpece de petite pluye tombe également ſur la ſurface. Le fond de la couleur de la peau & ce noir forment ce jaſpe. On paſſe enſuite un blanc d'œuf battu, quand le livre eſt couvert.

De la Marbrure.

Il s'en peut faire de différentes ſortes : ordinairement c'eſt de deux, trois à quatre ſortes.

(43)

On obferve pour toutes de préparer les peaux avant que de les
coller.

La premiere, à deux couleurs,
fe fait en paffant le pinceau,
trempé dans le noir, en plein fur
la peau, après avoir diminué le
mordant du noir par moitié, plus
ou moins, d'eau commune.

La feconde, on jafpe à groffes
goutes avec le pinceau, trempé
dans le même noir affoibli.

La troifieme, en jafpe de même
à groffes goutes & avec le même
noir; & quand le livre eft couvert
& fec, on différentie les taches;
favoir :

Pour deux couleurs, on porte
avec une petite éponge fine, des
goutes de fort jus de citron, fur
le veau paffé en noir, en plein.

Pour trois couleurs, on affoiblit
avec le même jus de citron, une

partie des taches noires, qui dè-
viennent un peu plus roulles que
le fond du livre.

Pour quatre couleurs, avant
que de porter le jus de citron sur
les taches, on prend un autre
petit morceau d'éponge, que l'on
imbibe de rouge, & que l'on porte
pareillement à volonté sur la couverture.

Ce rouge se fait avec un quart
de livre de bois de *Fernambouc*,
qu'on fait cuire avec une chopine
d'eau de pluye, jusqu'à ce que
l'eau ait pris belle couleur ; après
quoi on y ajoute demi-once d'alun
blanc, bien pilé ; ce qui donne
plus de vif à la couleur.

Pour la jaspure ordinaire on la
fait à deux fois, c'est-à-dire que
l'on jaspe médiocrement, avant
que de coller la peau ; & le livre
collé & sec, on le passe au blanc
d'œuf,

d'œuf , & on le rejaspe une feconde fois.

On obferve à la fin de la marbrure ou jafpure , de bien frotter
la couverture avec un morceau
d'étoffe de laine propre.

Des Titres.

Les titres font de petits mor-
ceaux de marroquin rouge , ou de
telle autre couleur, que l'on coupe
de la diftance d'un nerf à l'autre,
& que l'on rend avec le couteau
ou avec l'ongle , de la moindre
épaiffeur que faire fe peut ; mais
fur-tout aux extrémités. S'il n'y
a qu'un volume, on ne pofe qu'un
titre. Si l'Ouvrage en comprend
plufieurs, on met deux titres, que
l'on colle entre le premier & le
fecond nerf , & entre le fecond &
le troifieme , en obfervant de ne

mettre que très-peu de colle, & de grater les intervales où ils doivent s'appliquer, pour que la colle prenne mieux. Les titres se posent à volonté, devant ou après la marbrure.

Observez qu'il faut ensuite passer un peu de vinaigre sur ces titres pour les dégraisser, & étant secs on y passe un peu de colle de parchemin & ensuite le blanc d'œuf, comme sur le reste du dos ; ce qui s'appelle *glairer*, & est une préparation à la dorure.

De la Dorure.

Après avoir glairé le dos à quatre reprises, avant que la dernière couche soit seche, on coupe l'or suivant l'étendue du dos, sur le coussin à dorer. Cet or est ce qu'on appelle or en livret.

Avant que de coucher l'or,
on passe avec un petit morceau
d'éponge fine, une légere couche
d'huile d'amande douce sur le dos,
& on le présente aux parties d'or
coupées, qui se prennent aisément
au livre.

On observe que l'or par sa té-
nuité se déchirant aisément, il faut
avoir soin de rapporter des pieces,
pour que le dos soit bien également
couvert jusqu'au mord.

Pour porter l'or sur le livre avec
quelque facilité, sur-tout les petites parties, on prend une petite
bande de parchemin, que l'on
frotte au front, & qui étant pré-
sentée à l'or s'y attache aisément,
& se transporte de même au lieu
destiné, & y hape avec facilité.

On peut pour les petites parties,
au lieu d'huile d'amande douce,
prendre un peu de lard pour
graisser.

Quand le dos est exactement couvert d'or , on le laisse reposer sept à huit heures dans un endroit frais.

De l'impression des fers à dorer.

On appelle pousser le fer , l'action de l'imprimer sur l'or étendu ; & pour cet effet on le fait chaufer en laissant le fer quelque tems dans la braise alumée. On observe seulement qu'en mettant avec le bout du doigt un peu de salive sur le fer, il ne crie que médiocrement, autrement le fer brûleroit la peau, & étant froid n'appliqueroit pas l'or.

Alors on commence par rouler une petite vignette le long des mords , en tenant le livre à la main ; & cela fait on ôte la baveure , pour que la dentelle poussée reste nette.

Enfuite on met le livre dans la Preſſe à dorer, laiſſant la couverture déhors, & le dos élevé d'un pouce environ ſur la Preſſe.

On pouſſe la *palette* qui imprime une ligne droite & des points, ou telle autre façon, le long de chaque côté des nerfs, plus ou moins approchée, à proportion de la longueur du dos du livre.

On pouſſe encore cette palette à double, à la tête & à la queue, à la même diſtance des nerfs.

On pouſſe enſuite la palette large à la tête & à la queue, & ſur les nerfs.

Après quoi on poſe le bouquet dans l'intervale des nerfs & hors des nerfs, en l'environnant des quatre coins, en proportionnant le vuide à l'étendue du dos.

On pouſſe enſuite le titre & le tome.

N

Pour plus d'ornement on pouſſe encore à volonté une bordure ſur le plat & ſur l'épaiſſeur de la couverture.

Coller la Garde.

On colle les gardes du livre devant ou après la dorure , & on laiſſe le livre en Preſſe au moins cinq ou ſix heures.

Brunir les Tranches.

Au ſortir de la Preſſe on brunit les tranches avec la dent de loup ou de cheval.

Si le livre ſe dore ſur le plat, il eſt aſſez glairé ; puiſque, comme il a été dit ci-deſſus, il faut glairer trois à quatre fois pour dorer ; mais ſi on ne ſe propoſe de pouſſer qu'une ligne ſans dorure , alors on glaire encore une fois le plat du livre avant que de polir.

Polir.

Avant que de polir on graisse, mais très-légérement, le plat du livre avec un bonnet de laine porté, ou à ce défaut, en passant deux ou trois traits avec un bout de chandele, que l'on étend avec un morceau d'étoffe de laine, & on polit la couverture exactement par-tout, savoir le dos avec la *côte*, qui est un polissoir recourbé & quarré; & le plat & le dedans avec le polissoir rond.

On fait chaufer ces polissoirs un peu plus chauds que les fers à dorer.

DE LA RELIEURE
EN VELIN.

On observe exactement tout ce qui a été dit sur la Relieure en veau jusqu'à la couture, qui differe de la Relieure en velin, en ce qu'au lieu de ficelles pour les nerfs, on se sert pour celle-ci de bandes de velin de trois à quatre lignes de large, suivant la grosseur du volume.

L'on attache ces bandes de velin aux ficelles courantes qui sont sur la barre du cousoir, en les humectant & tortillant comme la ficelle. On les fixe de même avec les chevilles, comme pour la Relieure en veau.

Des Nerfs.

On ne met ordinairement aux In-folio que cinq à six nerfs, aux In-quarto

(53)

In-quarto trois à quatre , & aux In-octavo & In-douze , trois.

Si le volume est gros on renforce ces nerfs d'une ou de deux autres petites bandes de velin , de même largeur que celles des nerfs.

L'on ne greque point , quelque volume que ce soit , pour la Relieure en velin , & l'on fait les chenettes comme aux In-folio.

Le livre cousu on laisse de côté & d'autre les bouts de velin des nerfs , environ de deux pouces de long.

Former le Dos.

On met le volume en Presse à nud , c'est-à-dire sans planchettes à biseau , & laissant le dos un peu hors de la Presse , on forme le dos à petits coups de marteau.

On y passe tout de suite de la colle de pâte , qu'on laisse imbiber

O

comme à l'ordinaire. On frotte bien le dos.

Bande entre les Nerfs.

Le volume étant sec on colle avec de la colle-forte légere des bandes de parchemin qui occupent l'espace entre les nerfs: ainsi à trois nerfs ce seront deux bandes, trois à quatre nerfs, ainsi du reste. On laisse ces bandes d'un pouce & demi environ de longueur, & l'on passe légérement de la colle-forte tout le long du dos.

Rogner.

La colle-forte étant seche on met le volume en Presse pour rogner, observant fidelement ce qui a été dit sur cet article, de la Relieure en veau; mais avec cette différence, que les livres reliés en velin se rognant avant que d'être paſſés en carton , on y ſubſtitue deux cartons poſtiches de la même épaiſſeur que doivent être ceux de la couverture , & on joint ces cartons aux mords du volume , pour rogner la tête & la queue.

Obſervation ſur la rognure de la Goutiere.

Comme à la Relieure en velin les cartons ne tiennent point encore au volume , & que par conſéquent on ne peut ſe ſervir des *tringles* pour tenir le dos en raiſon , on ſe ſert, pour produire le même effet, de deux fortes aiguilles que l'on paſſe à la tête & à la queue, ſous les trois ou quatre premiers fils de la couture des nerfs , & que l'on repaſſe de même ſous les trois ou quatre derniers fils de l'autre côté ; & déterminant

alors la largeur de votre marge ,
vous preſſez le volume entre les
planchettes , & retirant vos aiguilles vous mettez le volume en
Preſſe pour rogner , comme à l'article de la Relieure en veau.

Le livre ſe trouvant ainſi tout
rogné , on reduit les bandes des
nerfs hors du dos , & bien près
contre le mord , à une ligne &
demi environ de largeur.

Paſſer les Tranches en couleur.

On paſſe les tranches en couleur , & on les brunit tout de
ſuite , comme à la Relieure ne
veau.

Bandes des Tranche-files.

On prend deux bandes de parchemin qui rempliſſent l'eſpace
depuis la chenette , c'eſt-à-dire
d'environ

d'environ un demi-pouce de large,
& qui furpaſſent la tranche d'une
ligne & demi. Vous collez ces deux
bandes avec un peu de colle-forte,
& vous les laiſſez de côté & d'autre, d'un pouce & demi environ
de longueur.

Ces deux bandes ſont poſées
pour former la tranche-file.

Des Bandelettes des Tranche-files.

Vous doublerez ces bandes à la
tête & à la queue de deux bandelettes de velin, qui n'auront de
largeur que la ligne & demi, en
ſorte que les bandes des tranche-
files ſurpaſſent les tranches ; &
vous les laiſſerez de la même longueur que les bandes des nerfs
hors du dos, c'eſt-à-dire d'environ deux pouces.

Ces bandelettes outre qu'elles
ſervent à renforcer les tranche-

files , & à former une élévation
égale à celle des nerfs , c'eſt qu'encore elles ſervent à joindre la couverture aux extrémités du livre ,
près du mord ; & ſans cela le dos
ſeroit lâche , puiſqu'à cette ſorte
de Relieure le velin ne ſe colle
point au dos.

Tranche – filer.

On voit que cette tranche-
fileure eſt différente de celle de la
Relieure en veau , puiſque ce qui
excede de la bande de la tranche-
file au deſſus de la tranche , & la
bandelette qui la double , tiennent
lieu de ce que nous avons appellé
noyau.

Pour celle-ci encore , au lieu
d'enfiler deux ſoies différentes
pour faire une ſeule aiguillée , on
prend deux aiguilles , l'une de ſoie
verte par exemple , & l'autre de

foie jaune , & commençant à droite , à l'angle du mord , on pouffe en déhors , immédiatement au deffous de la bandelette l'ai- guille de foie verte pour reffortir fur la tranche à fleur du velin; on repaffe cette aiguille au même endroit pour entourrer la ban- delette.

On prend enfuite l'aiguille de foie jaune , que l'on paffe de même en déhors , tout à côté du trou de la premiere , & que l'on repaffe également dans le même trou.

Les deux aiguilles ainfi paffées, on croife la verte fur la jaune , & l'on pique en dedans avec cette verte , en obfervant toujours de ne pas porter l'aiguille au de-là de la bandelette; & croifant ainfi alternativement on finit à l'angle du mord , du côté gauche , où l'on

arrête la foie en paffant l'aiguille
fous trois à quatre fils de la tranche-file.

Couper le Carton.

On coupe le carton de la grandeur à-peu-près néceffaire.

A la Relieure en veau on fait
un bifeau en dedans ; à celle-ci
on obferve de laiffer le bifeau en
déhors.

Enfuite on colle ces cartons à
l'onglet, fous lequel fe trouvent
renfermées les bandes pofées entre
les nerfs ; celles des tranche-files,
& les bouts des nerfs & des bandelettes ne fe collant que lorfque
le livre eft couvert, & que l'on
colle la garde aux cartons ; ainfi
il faut avoir attention que la colle
n'humecte point ces bandes, ni
ces filets.

On

On a encore attention que les cartons n'approchent pas trop des mords. On les recule d'environ deux lignes, pour donner plus de jeu à la couverture.

On porte enfuite le volume en Preffe, & lorfqu'il eft fec on rabat les cartons, en les laiffant faillir plus ou moins, à volonté, hors des tranches.

Fixer les Cartons.

Alors on fixe les cartons au volume par la couverture du velin; mais avant que de préparer le velin on coupe en pointe les bandelettes & les bouts des nerfs; & à l'égard des bandes de la tranche-file, on les baiffe un peu dès le mord, pour qu'elles ne paroiffent point au-deffus de la tranche, & on les coupe un peu en angle en dedans, après quoi on humecte & on racle

Q

les bouts des nerfs pour ôter la colle qui se peut trouver dessus.

Couvrir en velin.

On coupe le velin, en laissant environ demi-pouce en tout sens pour les remplis. On prend une feuille de papier de la grandeur du velin, que l'on colle bien également, mais légérement, en faisant attention qu'il ne reste aucune boursouflure entre le velin & le papier. Ce papier se colle du côté blanc du velin, autrement dit du côté des chairs. On le met ensuite entre deux planches, & avant qu'il soit tout-à-fait sec, on passe un peu de savon du bon côté, & on le frote avec des rognures, ce qui rend le velin luisant, & empêche que la saleté ne s'attache à la couverture.

(63)

Après cette préparation on prend
bien exactement la largeur du dos
avec un compas, ce que vous aurez
bien précisément, si applatissant
bien le dos pour un moment vous
portez les pointes de votre compas,
une demi-ligne de chaque côté
au-delà du fil des nerfs.

Alors vous portez cette largeur
à l'extrémité du velin, à droite,
du côté du papier ; & rabattant
ou couchant le velin jusqu'aux
points marqués pour cette largeur
du dos, vous formez un pli bien
marqué avec le plioir à votre
gauche, & portant la même largeur de compas depuis ce pli à
à droite, vous formez un second
pli, & par-là vous avez précisément le centre du velin, où le dos
doit se coucher.

Ensuite vous marquez en déhors,
c'est-à-dire, du côté du velin,

deux plis à droite & à gauche ; les
premiers , d'une ligne de diſtance
en déhors environ. Les ſeconds
plis entrent dans le mord , & ſe
font aiſément , en appuyant fortement de la main gauche ſur une
regle ; & paſſant avec le plioir ſous
le velin , vous le preſſez avec force
contre la regle.

Cela étant fait on préſente le
livre au velin , & faiſant attention
de bien partager les bords à la
tête & à la queue , vous marquez
avec l'alêne des points vis-à-vis
des nerfs.

On pique enſuite en dedans dans
les premiers plis , aux endroits
marqués ; & l'on fait attention
de faire ces trous plutôt plus petits
que la largeur des bouts des nerfs,
que l'on paſſe de côté & d'autre
dans ces premiers trous ; puis repi-
quant en déhors dans le ſecond
pli ,

pli, vis-à-vis des premiers trous, on repaſſe les bouts de nerfs en dedans. Obſervez bien de ne point percer dans le carton, mais à fleur du carton & dans le mord.

On a attention que ces bouts de nerfs joignent bien ; & pour éviter que le velin de la couver-ture ne gliſſe pas, on paſſe une aîêne deſſous le bout de nerf, pour aider à le tirer en dedans.

Quand la couverture eſt ainſi liée, on rabat le velin tout au tour ſur le carton, enſuite poſant le livre ſur la goutiere, & tenant horiſontalement les deux plats de la couverture, on remplie le velin à la tête & à la queue, après quoi on preſſe bien le velin tout au tour des bords du carton, au moyen du plioir, & tenant le livre en raiſon avec une regle, contre la-quelle on preſſe fortement avec le

plioir, pour bien former les bords
quarrés.

Quand le velin eſt bien rabattu
en tout ſens, on coupe les coins,
comme à la Relieure en veau.

Il reſte à enfiler les bandelettes
des tranche-files. Pour cet effet
on perce avec l'alêne en dedans,
un peu plus bas que la tranche-
file & bien dans l'angle du premier pli, pour y paſſer ces bandelettes.

Quand elles ſont paſſées toutes
quatre, on repique en déhors, un
peu plus bas que la premiere fois.
On les paſſe dans ces ſeconds trous,
pour que les quatre bouts revien-
nent en dedans.

On forme enſuite vers les tran-
ches-files, au dos du livre, un pli
qui ſe fait en tenant ferme le plioir,
en appuyant contre le parchemin
en dedans, & gliſſant fortement

l'ongle du pouce le long du velin, ce qui forme un trait aux deux extrémités du dos.

On racle ensuite le parchemin en dedans pour ôter la graisse, & que la colle puisse prendre ; après quoi l'on colle les *gardes* comme à la Relieure en veau, & on met le livre en Presse trois à quatre heures entre des planchettes propres, que l'on joint aux mords ; & on laisse le dos en déhors de la Presse.

Quand le livre est sec, on passe de l'urine sur la couverture avec une petite éponge, pour ôter la graisse ; cela fait on passe le titre en rouge.

Des Titres sur le Velin.
De la Couleur.

On n'applique point sur les livres reliés en velin, comme à la Relieure en veau, des bandes de

marroquin pour y pouffer les titres, mais on teint en rouge la
place du titre, qui doit être à environ deux ou trois lignes de la
tête, & d'un pouce de long fur le
dos. On marque donc cette diftance avec deux traits légers, &
on y paffe à plufieurs reprifes la
couleur fuivante.

Prenez une once de bois de Fernambouc, que vous couperez par
parcelles, ôtant l'écorce; on l'in-
fufe dans un bon verre de vinaigre
blanc & fort, auquel on donne
un peu de coction fur les cendres
chaudes. On y ajoute un quart
d'once d'alun blanc, bien pilé.

Quand le titre eft d'un beau
rouge & bien fec, on glaire tout
le livre à trois reprifes différentes,
& alors on y ajoute les ornemens
en or que l'on fouhaite, & de la
même maniere prefcrite pour la
dorure

dorure de la Relieure en veau, obfervant feulement d'un peu moins chauffer les fers à dorer.

DE LA RELIEURE

EN MARROQUIN.

Les livres en marroquin fe relient de la même façon que ceux couverts en veau, & il n'y a de différence à obferver, 1°. que de coller moins gras pour couvrir, parce que la colle venant à humecter la fuperficie, elle noirciroit la couleur du marroquin ; 2°. quand il eft couvert, de paffer toute la couverture à l'urine ou au vinaigre ; & quand elle eft feche, d'y paffer de la colle de parchemin, ou fi l'on veut, d'un peu de fucre de Canaries fondu dans de l'eau claire.

S

En général cette Relieure exige beaucoup de propreté & de ménagement.

DE LA RELIEURE

EN CHAGRIN.

La Relieure en chagrin est aussi la même que celle en veau & en marroquin. On n'y emploie que le chagrin noir. On observe seulement que les peaux de chagrin étant exactement épaisses, on les fait parer minces par le Tanneur; & quelques minces qu'elles deviennent, elles restent toujours peu souples; ce qui fait que pour les mettre en œuvre, il faut les laisser tremper un moment dans l'eau tiede, & après les avoir laissé égouter, on les met entre deux feuilles de papier cassé pour en tirer l'humidité fuperflue. On obferve encore que ces peaux fé collent au carton avec de la colle forte, au lieu de colle d'amidon, mais légérement, pour ne point trop renforcer le dos.

Cette Relieure demande auffi beaucoup d'attention à ne pas gâter le grain.

Il ne faudra donc point mettre en Preffe les livres reliés en chagrin que quand ils feront bien fecs.

Et pour les fouetter, vous en— tourrerez le volume d'un carton fouple avant que d'y joindre les planchettes, & fi on trouve le dos trop fec, on peut le réhumecter avec une petite éponge, & on le préfente un inftant au feu avant que de former les nerfs.

Quand le livre eft fait, on noircit la couverture avec de l'encre fans gomme à trois à quatre reprifes.

On le laisse secher & on le frotte
à force avec une vergette rude ;
& après y avoir passé quelques
traits de cire blanche , vous
refrottez de nouveau , jusqu'à
ce que la couverture soit bien
lustrée.

F I N.

9 782329 698465